Isabelle Darras – Manboou

FÉLIX ET LES DIABOLOS MENTHE

Ernst Klett Verlag
Stuttgart · Leipzig

1. Auflage 1 6 5 4 3 | 2022 21 20

Alle Drucke dieser Auflage sind unverändert und können im Unterricht nebeneinander verwendet werden.
Die letzte Zahl bezeichnet das Jahr des Druckes.

Autorin: Isabelle Darras, Lyon (Frankreich)
Zeichnerin: Manboou, La Louvière (Belgien)

Redaktion: Christelle Souvras
Gestaltung: Oliver Storz

Druck: AZ Druck und Datentechnik GmbH, Kempten

Printed in Germany
ISBN 978-3-12-591807-8

PARIS, JEUDI 10 MARS, 18H15.
COLLÈGE GEORGES BRASSENS.
ALLÔ FÉLIX, C'EST QUOI TA CLASSE, DÉJÀ ?
Collège G. Brassens
J'AI UN PEU MAL AU VENTRE.
LES PROFS NE MANGENT PAS LES PARENTS. COURAGE !
Rencontre parents-profs - salle 101 - 1er étage
SALLE 101
MESDAMES ET MESSIEURS, VOICI LES PROFESSEURS DE VOS ENFANTS !
SILENCE, S'IL VOUS PLAIT !
VOUS, AVEC FÉLIX, C'EST DU GÂTEAU, NON ?
OUI, FÉLIX EST UNE CRÈME...
M.DELANGE ? C'EST À VOUS !
IL EST TOUJOURS LE PREMIER ! PAS COMME MON TOM !
101
DEPUIS LE DIVORCE, IL EST AFFREUX !
ATTENTION, MESDAMES ET MESSIEURS, VOUS AVEZ DIX MINUTES PAR PROF !
AVEC LUI, ÇA VA ALLER VITE !

FÉLIX EST UN TRÈS BON ÉLÈVE. TOUT VA BIEN.
UN EXEMPLE POUR LES AUTRES.
PARFAIT !
C'EST TOUT ?
5e 2
TOUS LES PROFS SONT D'ACCORD... JE RENTRE !
M. DELANGE ? VOUS AVEZ CINQ MINUTES ?
MERCI D'ÊTRE LÀ. SOUVENT, LES PARENTS DES BONS ÉLÈVES NE VIENNENT PAS ! ALORS VOILÀ... FÉLIX N'A PAS DE COPAIN ET...
20 MINUTES PLUS TARD.
ENFIN ! CE N'EST PAS TROP TÔT !
CHEZ LES DELANGE.
ALORS, LISA, ÇA VA BIEN? DÉJÀ MANGÉ ?
OUAIS. FÉLIX FAIT SES DEVOIRS DANS SA CHAMBRE.
FÉLIX ?
TOC TOC
JE VOUDRAIS DISCUTER AVEC TOI...
PAS MAINTENANT ! JE SUIS TROP FATIGUÉ.
SI, MAINTENANT.

VENDREDI 11 MARS, 22H00. SOIRÉE PYJAMA CHEZ MARION.
LES FILLES, VOUS ÉCOUTEZ ?
OUI, MARION !
EST-CE QUE VOUS AIMEZ LE COLLÈGE ?
NOTRE COLLÈGE ? BIEN SÛR !
ON L'ADORE !
ON LE KIFFE !
MAIS IL EST LE DERNIER SUR LA LISTE DES COLLÈGES ! C'EST NUL !
C'EST PAS TRÈS IMPORTANT.
C'EST VRAI, JANE, MAIS IL A MAUVAISE RÉPUTATION.
POUR LES GENS, C'EST UN MAUVAIS COLLÈGE.
MAIS CE N'EST PAS VRAI !
VOUS ET MOI, ON PEUT CHANGER LES CHOSES !
TU AS RAISON !
MAIS QUE FAIRE ?
METTRE DES AFFICHES DANS LE MÉTRO ? FAIRE VISITER LE COLLÈGE ? PRÉPARER UNE PUBLICITÉ ?
NON, ÉCOUTEZ MA SUPER IDÉE !
C'EST QUOI ?
LES FILLES, AU LIT MAINTENANT !

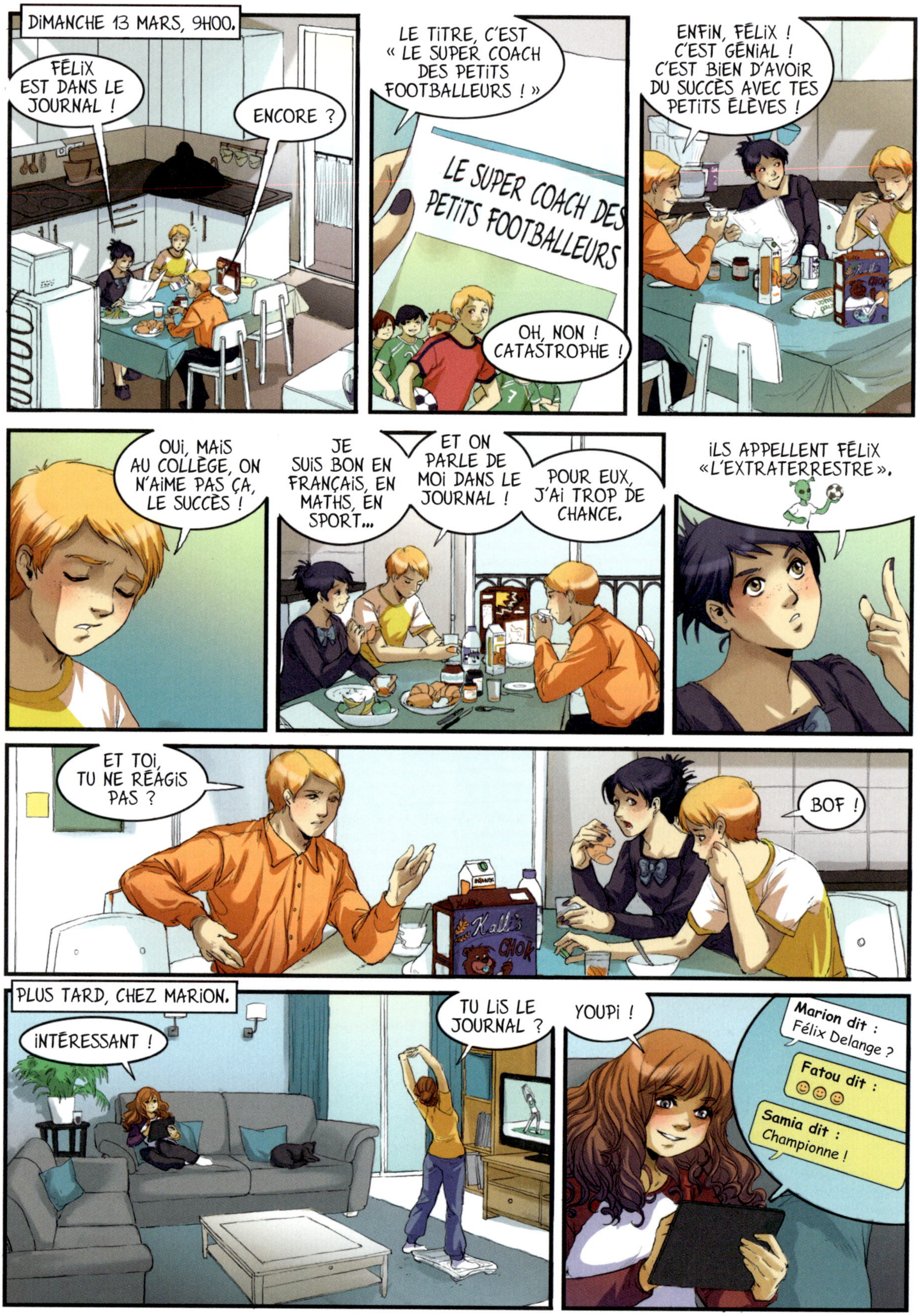
DIMANCHE 13 MARS, 9H00.
FÉLIX EST DANS LE JOURNAL !
ENCORE ?
LE TITRE, C'EST « LE SUPER COACH DES PETITS FOOTBALLEURS ! »
LE SUPER COACH DES PETITS FOOTBALLEURS
OH, NON ! CATASTROPHE !
ENFIN, FÉLIX ! C'EST GÉNIAL ! C'EST BIEN D'AVOIR DU SUCCÈS AVEC TES PETITS ÉLÈVES !
OUI, MAIS AU COLLÈGE, ON N'AIME PAS ÇA, LE SUCCÈS !
JE SUIS BON EN FRANÇAIS, EN MATHS, EN SPORT...
ET ON PARLE DE MOI DANS LE JOURNAL !
POUR EUX, J'AI TROP DE CHANCE.
ILS APPELLENT FÉLIX «L'EXTRATERRESTRE».
ET TOI, TU NE RÉAGIS PAS ?
BOF !
PLUS TARD, CHEZ MARION.
INTÉRESSANT !
TU LIS LE JOURNAL ?
YOUPI !
Marion dit : Félix Delange ?
Fatou dit : ☺☺☺
Samia dit : Championne !

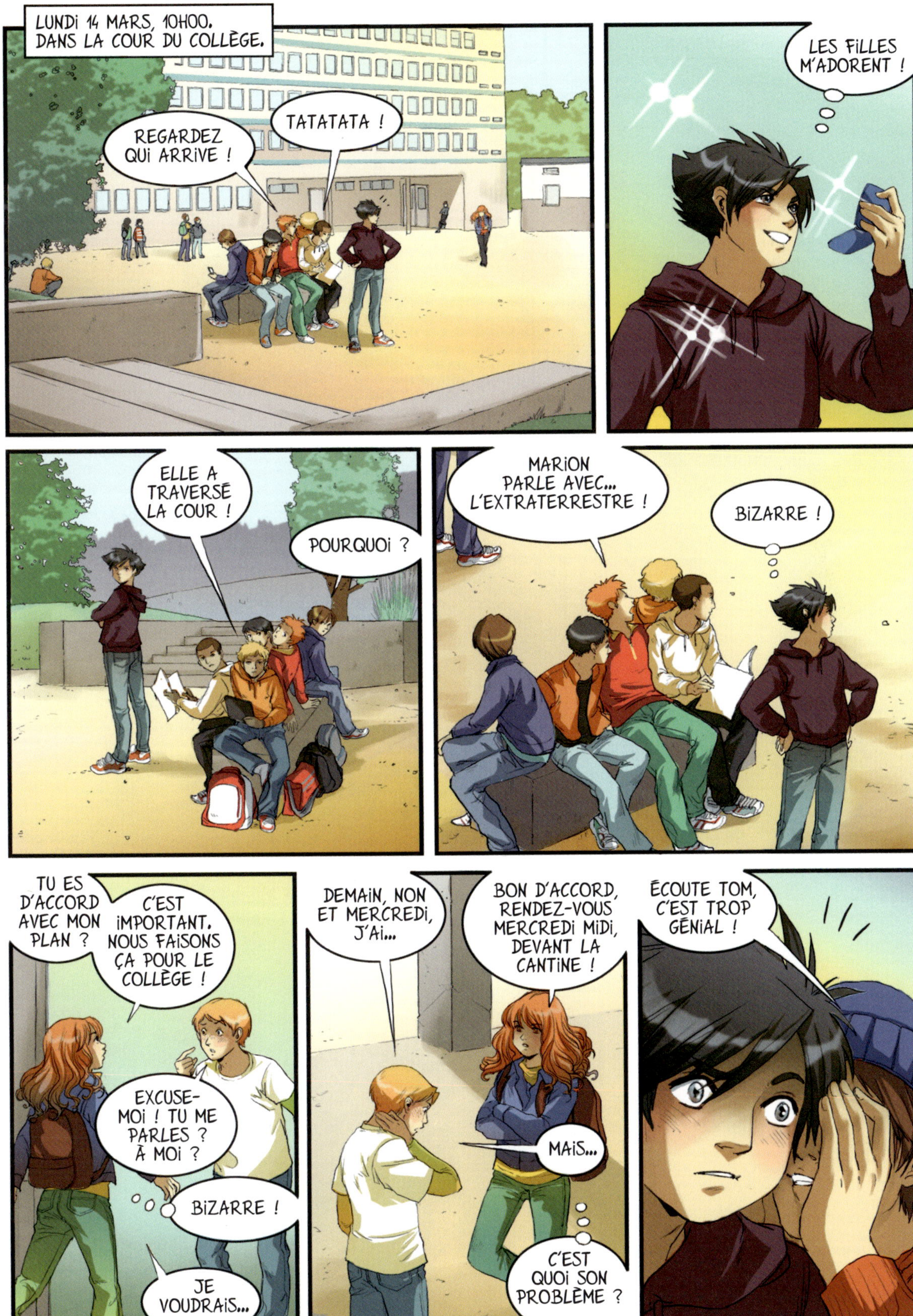
LUNDI 14 MARS, 10H00.
DANS LA COUR DU COLLÈGE.
REGARDEZ QUI ARRIVE !
TATATATA !
LES FILLES M'ADORENT !
ELLE A TRAVERSÉ LA COUR !
POURQUOI ?
MARION PARLE AVEC... L'EXTRATERRESTRE !
BIZARRE !
TU ES D'ACCORD AVEC MON PLAN ?
C'EST IMPORTANT. NOUS FAISONS ÇA POUR LE COLLÈGE !
EXCUSE-MOI ! TU ME PARLES ? À MOI ?
BIZARRE !
JE VOUDRAIS...
DEMAIN, NON ET MERCREDI, J'AI...
BON D'ACCORD, RENDEZ-VOUS MERCREDI MIDI, DEVANT LA CANTINE !
MAIS...
C'EST QUOI SON PROBLÈME ?
ÉCOUTE TOM, C'EST TROP GÉNIAL !

MERCREDI 17 MARS, 12H05, DEVANT LA CANTINE DU COLLÈGE.
JE SUIS TROP IDIOT. MOI ? AVOIR RENDEZ-VOUS AVEC UNE FILLE !
ENCORE UNE SECONDE ET...
DÉSOLÉE ! LA PROF DE MATHS...
MOI AUSSI, JE SUIS ARRIVÉ EN RETARD !
MÊME PAS VRAI !
VIENS !
MAIS JE N'AI PAS ENCORE MANGÉ !
T'INQUIÈTES ! J'AI DES SANDWICHS.
INTÉRESSANT !
MAIS ON VA OÙ ?
CHUT ! VITE !
!!!?
SALUT FÉLIX !
DE PRÈS, IL EST BEAU !
UN SANDWICH, FÉLIX ? FROMAGE OU SAUCISSON ?

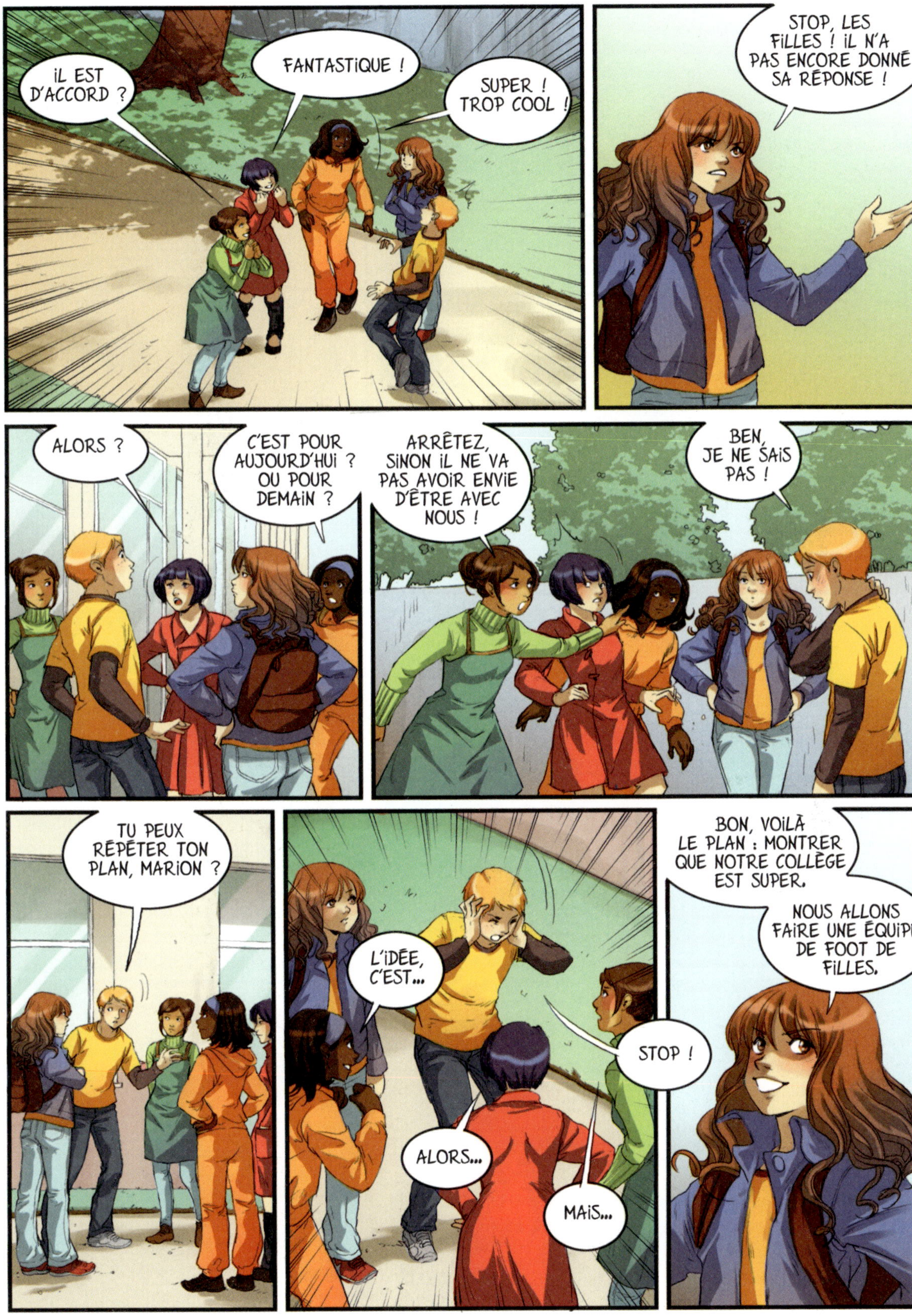
iL EST D'ACCORD ?
FANTASTiQUE !
SUPER ! TROP COOL !
STOP, LES FiLLES ! iL N'A PAS ENCORE DONNÉ SA RÉPONSE !
ALORS ?
C'EST POUR AUJOURD'HUi ? OU POUR DEMAiN ?
ARRÊTEZ, SiNON iL NE VA PAS AVOiR ENViE D'ÊTRE AVEC NOUS !
BEN, JE NE SAiS PAS !
TU PEUX RÉPÉTER TON PLAN, MARiON ?
L'iDÉE, C'EST...
STOP !
ALORS...
MAiS...
BON, VOiLÀ LE PLAN : MONTRER QUE NOTRE COLLÈGE EST SUPER.
NOUS ALLONS FAiRE UNE ÉQUiPE DE FOOT DE FiLLES.

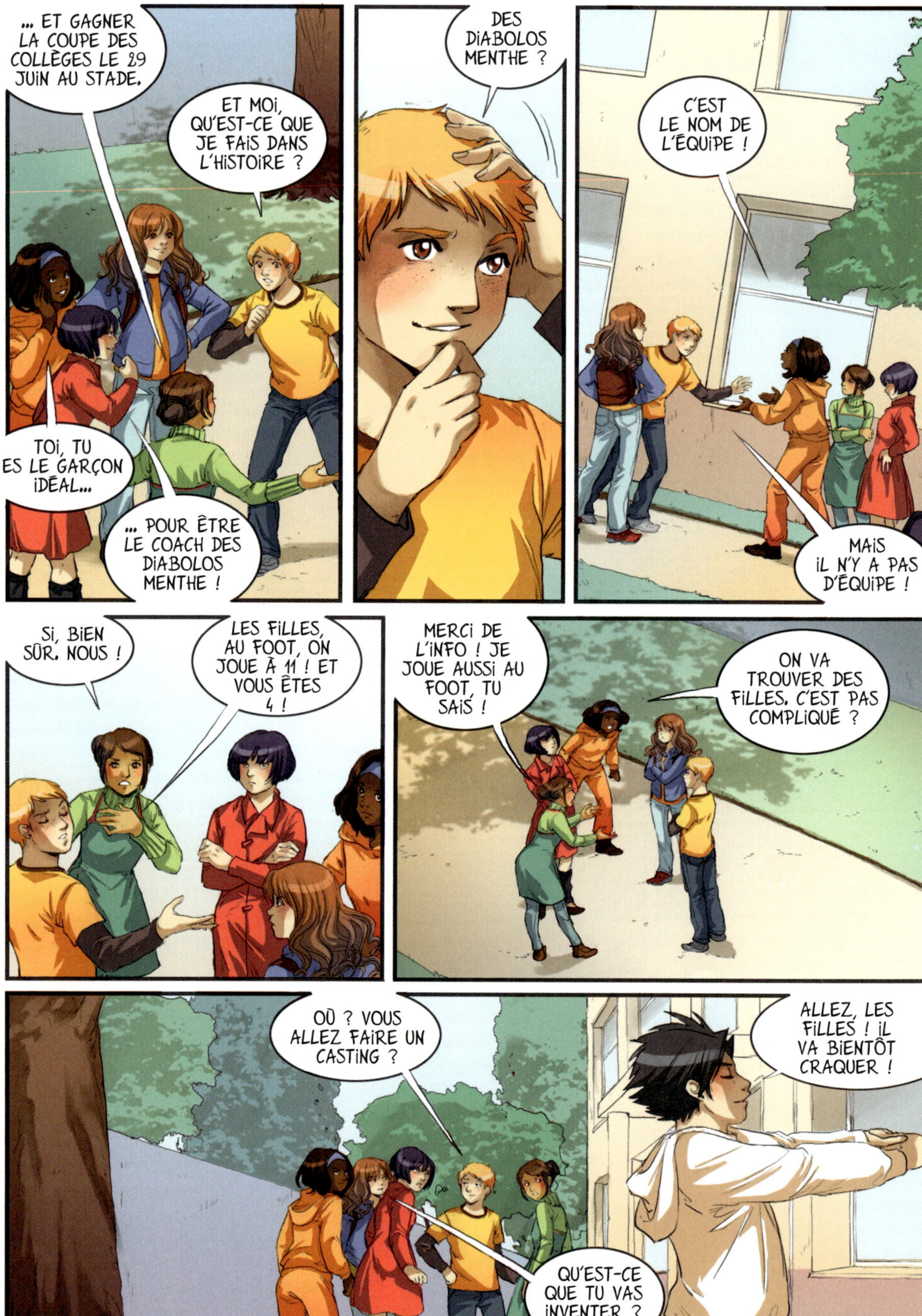
… ET GAGNER LA COUPE DES COLLÈGES LE 29 JUIN AU STADE.
ET MOI, QU'EST-CE QUE JE FAIS DANS L'HISTOIRE ?
TOI, TU ES LE GARÇON IDÉAL…
… POUR ÊTRE LE COACH DES DIABOLOS MENTHE !
DES DIABOLOS MENTHE ?
C'EST LE NOM DE L'ÉQUIPE !
MAIS IL N'Y A PAS D'ÉQUIPE !
SI, BIEN SÛR. NOUS !
LES FILLES, AU FOOT, ON JOUE À 11 ! ET VOUS ÊTES 4 !
MERCI DE L'INFO ! JE JOUE AUSSI AU FOOT, TU SAIS !
ON VA TROUVER DES FILLES. C'EST PAS COMPLIQUÉ ?
OÙ ? VOUS ALLEZ FAIRE UN CASTING ?
ALLEZ, LES FILLES ! IL VA BIENTÔT CRAQUER !
QU'EST-CE QUE TU VAS INVENTER ?

PLUS TARD...
C'EST TROP, TROP DOMMAGE !
TROP NUL, OUI !
JE DÉTESTE FÉLIX !
QUI PRENDRE À SA PLACE ?
T'AS BIEN RAISON, FÉLIX !
TOM ?
C'EST VRAIMENT NUL ! UNE ÉQUIPE DE FILLES FOOTBALLEUSES AU COLLÈGE !
LES FILLES, ÇA FAIT DE LA DANSE OU DES GÂTEAUX ! NON, MAIS C'EST VRAI !
18 MARS, À L'HÔPITAL...
DÉSOLÉ ! VOTRE IDÉE EST GÉNIALE, MAIS JE SUIS TOMBÉ HIER SOIR DANS L'ESCALIER...
CE N'EST PAS UNE PETITE AFFAIRE ! JE VAIS RESTER ICI UN LONG MOMENT !
ALORS JE NE PEUX PAS ÊTRE VOTRE COACH.
... ET DANS LA CUISINE, CHEZ LES DELANGE.
QUOI ? IL A FAIT ÇA !
IL A EU RAISON, NON ? ELLES NE FONT PAS DE FOOT.
FÉLIX !

JE SUIS D'ACCORD AVEC TOI, LES FILLES ONT BEAUCOUP DE RÊVES !
LA COUPE DES COLLÈGES, C'EST PAS LA COUPE DU MONDE DE FOOT, D'ACCORD ! MAIS...
... ON NE PEUT PAS COMMENCER LE FOOT ET GAGNER LA COUPE TROIS MOIS APRÈS.
MAIS ON PEUT AUSSI FAIRE DES CHOSES UN PEU FOLLES DANS LA VIE, AVOIR DES CHALLENGES, NON ?
OUI, MAIS JE NE VOUDRAIS PAS DONNER AU FILLES UN FAUX ESPOIR !
ELLES RISQUENT D'ÊTRE TRISTES À LA FIN !
FÉLIX A RAISON. ELLES NE PEUVENT PAS GAGNER, C'EST SÛR À 100% !
TARATATA ! ELLES PEUVENT GAGNER. ON PARIE ?
TU N'AS PAS ENVIE DE PERDRE, C'EST ÇA FÉLIX ?
ET TOI, LISA, TU N'AS PAS ENVIE DE JOUER DANS L'ÉQUIPE ?

25 MARS, AU COLLÈGE.
C'EST QUOI ? UNE PHOTO DE JUSTIN BIBERON OU QUOI ?
WANTED
NON, UNE ÉQUIPE DE FOOT DE FILLES AU COLLÈGE.
GÉNIAL !
COOL, SUPER IDÉE !
28 MARS, SUR LE TERRAIN DE FOOTBALL.
MERCI LES FILLES !
QUEL CINÉMA !
NOUS FAISONS DEUX GROUPES : VOUS COMMENCEZ LE FOOT, VOUS ALLEZ AVEC JANE.
VOUS AVEZ DÉJÀ JOUÉ AU FOOT AVEC SAMIA !
C'EST UN MAUVAIS RÊVE OU QUOI ?
MY GOD !
ET MAINTENANT LE COACH !

TU SAIS, TOI, QUI EST LE COACH ?
SAMIA PEUT-ÊTRE ?
NON, C'EST M. CHARENTON.
MAIS NON. LE PROF DE SPORT EST ENCORE À L'HÔPITAL.
SA BLESSURE, C'EST PAS DU GÂTEAU ET IL EST LÀ-BAS POUR LONGTEMPS ENCORE !
MOI, JE VOUDRAIS UNE FEMME COMME LA PROF DE MATHS. SYMPA, MAIS AUTORITAIRE !
LUI ? UN COACH ?
IL A GAGNÉ DES COUPES !
MERCI FÉLIX !
ON VA BIEN RIGOLER !
TU VOUDRAIS NOTRE PHOTO, PEUT-ÊTRE ?
ARRÊTE, SAMIA ! ZEN ! NO STRESS !
BON, DANS UNE ÉQUIPE DE FOOT, IL Y A 11 JOUEUSES ET 11 REMPLAÇANTES.
DÉSOLÉ, JE NE PEUX PAS PRENDRE TOUT LE MONDE !
VOUS ALLEZ FAIRE UN TEST !
VOUS AUSSI LES FILLES !
QUOI ? NOUS ?

5, 4, 3, 2, 1, PARTEZ !
15, 16, 17 !
APRÈS DEMAIN, PLUS DE GÂTEAUX !
EST-CE QUE JE VAIS RESTER ?
ALLEZ ENCORE ! ON CONTINUE !
J'AI CHAUD !
MOI, LE FOOT, J'AIME BIEN, MAIS SURTOUT SUR MON ORDINATEUR !
MARION, OUI. FATOU, NON. DÉSOLÉ LES FILLES !
C'EST DOMMAGE !
D'ACCORD, C'EST TOI LE COACH !
OUF ! LE FOOT, CE N'EST PAS POUR MOI !
C'EST UN KILLER, CE FÉLIX !
MINCE, FATOU !
TOUT VA BIEN, J'AI UNE IDÉE ! DANS UNE ÉQUIPE, IL Y A AUSSI UN PHOTOGRAPHE, UN ASSISTANT DU COACH, UN MÉDECIN DU SPORT !
1er AVRIL. COUPE DES COLLÈGES, J-2 MOIS.
20, 21, 22 ! TRÈS BIEN, TOUT LE MONDE EST LÀ.
ATTENTION ! KIWI ! SUPER. VOUS ÊTES SUPER JOLIES, MESDEMOISELLES LES DIABOLOS MENTHE !
POURQUOI «DIABOLOS MENTHE» ?
ON ADORE CE NOM ! ET LE VERT, C'EST LA COULEUR DE LA CHANCE, NON ?

LE PROGRAMME DES DIABOLOS MENTHE
N°1 FOOTING AVEC SAMIA MERCREDI ET VENDREDI SOIR
ENCORE !
N°2 RÈGLES DU JEU AVEC JANE
UN CARTON JAUNE, C'EST QUOI ?
N°3 GYMNASTIQUE AVEC FATOU
ON REGARDE, ON FAIT COMME SUR LA VIDÉO.
Comment ?
- S'entraîner
- S'entraîner encore
- S'entraîner encore plus !
N°4 MUSCULATION AVEC MARION
25, 26, 27, 28…
ET TOI, TOM, TU N'AS PAS ENVIE DE PRÉPARER LES FILLES À LA COUPE DES COLLÈGES ?

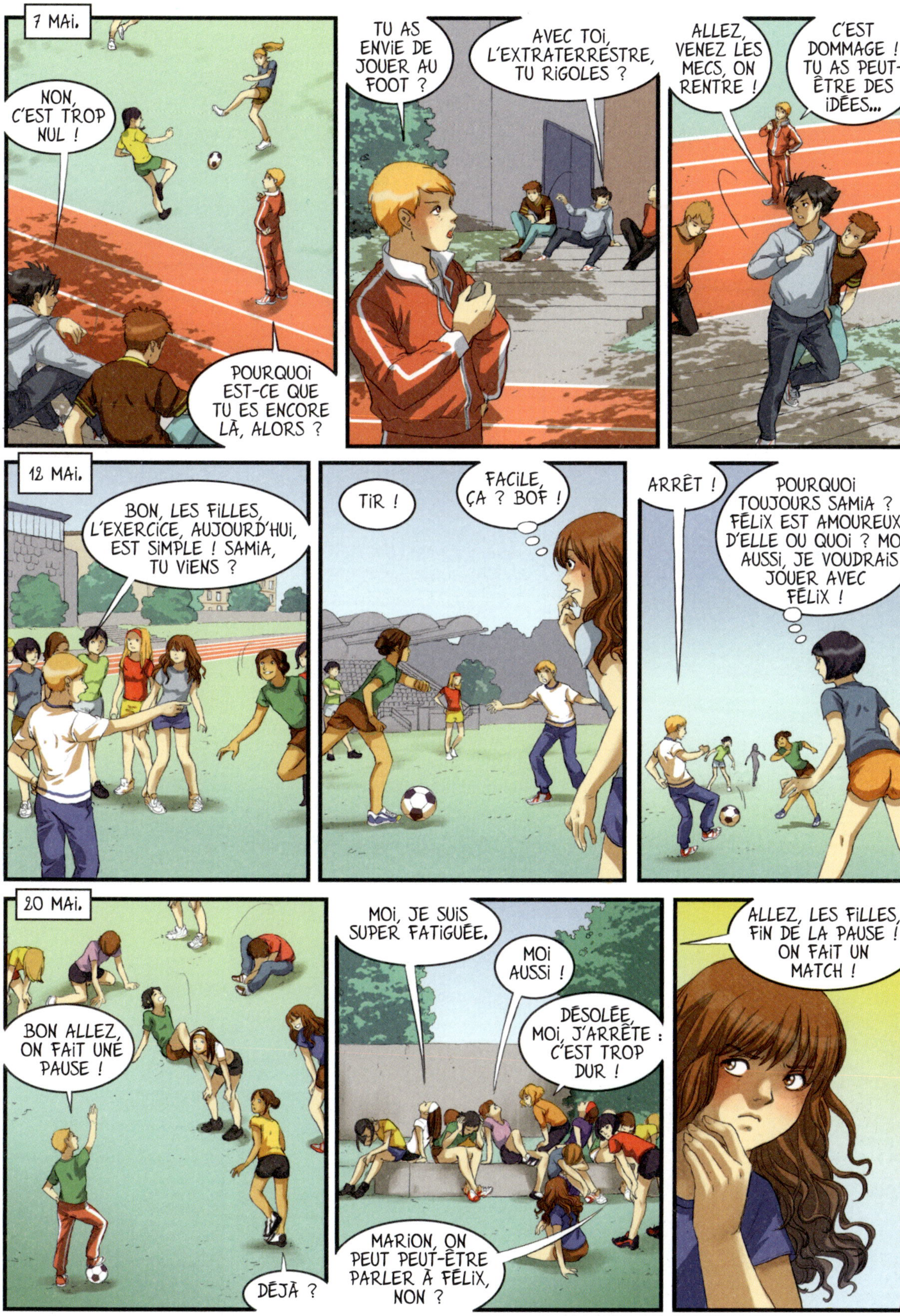
7 MAI.
NON, C'EST TROP NUL !
POURQUOI EST-CE QUE TU ES ENCORE LÀ, ALORS ?
TU AS ENVIE DE JOUER AU FOOT ?
AVEC TOI, L'EXTRATERRESTRE, TU RIGOLES ?
ALLEZ, VENEZ LES MECS, ON RENTRE !
C'EST DOMMAGE ! TU AS PEUT-ÊTRE DES IDÉES...
12 MAI.
BON, LES FILLES, L'EXERCICE, AUJOURD'HUI, EST SIMPLE ! SAMIA, TU VIENS ?
TIR !
FACILE, ÇA ? BOF !
ARRÊT !
POURQUOI TOUJOURS SAMIA ? FÉLIX EST AMOUREUX D'ELLE OU QUOI ? MOI AUSSI, JE VOUDRAIS JOUER AVEC FÉLIX !
20 MAI.
BON ALLEZ, ON FAIT UNE PAUSE !
DÉJÀ ?
MOI, JE SUIS SUPER FATIGUÉE.
MOI AUSSI !
DÉSOLÉE, MOI, J'ARRÊTE : C'EST TROP DUR !
MARION, ON PEUT PEUT-ÊTRE PARLER À FÉLIX, NON ?
ALLEZ, LES FILLES, FIN DE LA PAUSE ! ON FAIT UN MATCH !

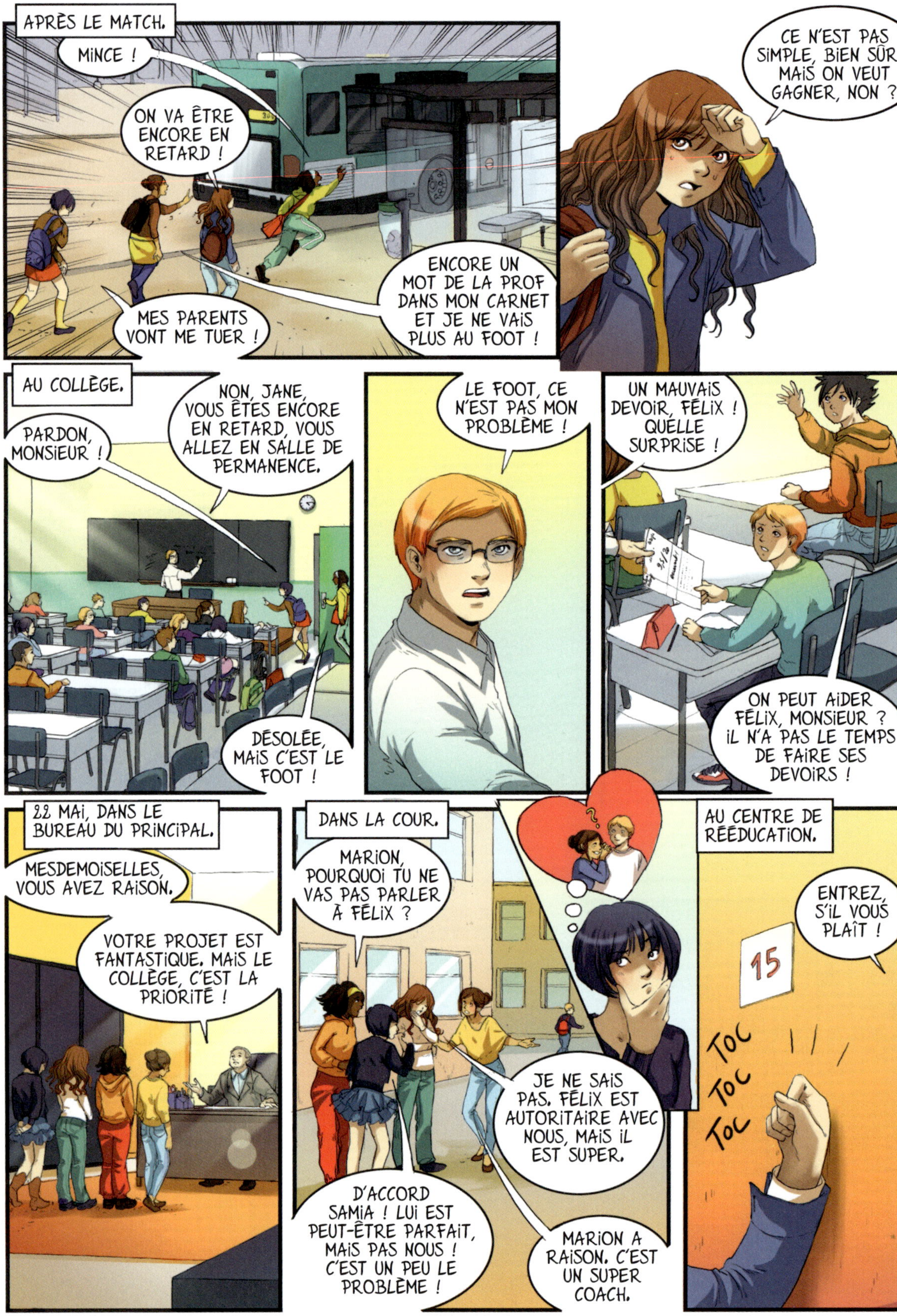

APRÈS LE MATCH.
MINCE !
ON VA ÊTRE ENCORE EN RETARD !
MES PARENTS VONT ME TUER !
ENCORE UN MOT DE LA PROF DANS MON CARNET ET JE NE VAIS PLUS AU FOOT !
CE N'EST PAS SIMPLE, BIEN SÛR ! MAIS ON VEUT GAGNER, NON ?
AU COLLÈGE.
PARDON, MONSIEUR !
NON, JANE, VOUS ÊTES ENCORE EN RETARD, VOUS ALLEZ EN SALLE DE PERMANENCE.
DÉSOLÉE, MAIS C'EST LE FOOT !
LE FOOT, CE N'EST PAS MON PROBLÈME !
UN MAUVAIS DEVOIR, FÉLIX ! QUELLE SURPRISE !
ON PEUT AIDER FÉLIX, MONSIEUR ? IL N'A PAS LE TEMPS DE FAIRE SES DEVOIRS !
22 MAI, DANS LE BUREAU DU PRINCIPAL.
MESDEMOISELLES, VOUS AVEZ RAISON.
VOTRE PROJET EST FANTASTIQUE. MAIS LE COLLÈGE, C'EST LA PRIORITÉ !
DANS LA COUR.
MARION, POURQUOI TU NE VAS PAS PARLER À FÉLIX ?
JE NE SAIS PAS. FÉLIX EST AUTORITAIRE AVEC NOUS, MAIS IL EST SUPER.
D'ACCORD SAMIA ! LUI EST PEUT-ÊTRE PARFAIT, MAIS PAS NOUS ! C'EST UN PEU LE PROBLÈME !
MARION A RAISON. C'EST UN SUPER COACH.
AU CENTRE DE RÉÉDUCATION.
ENTREZ, S'IL VOUS PLAÎT !
15
TOC TOC TOC

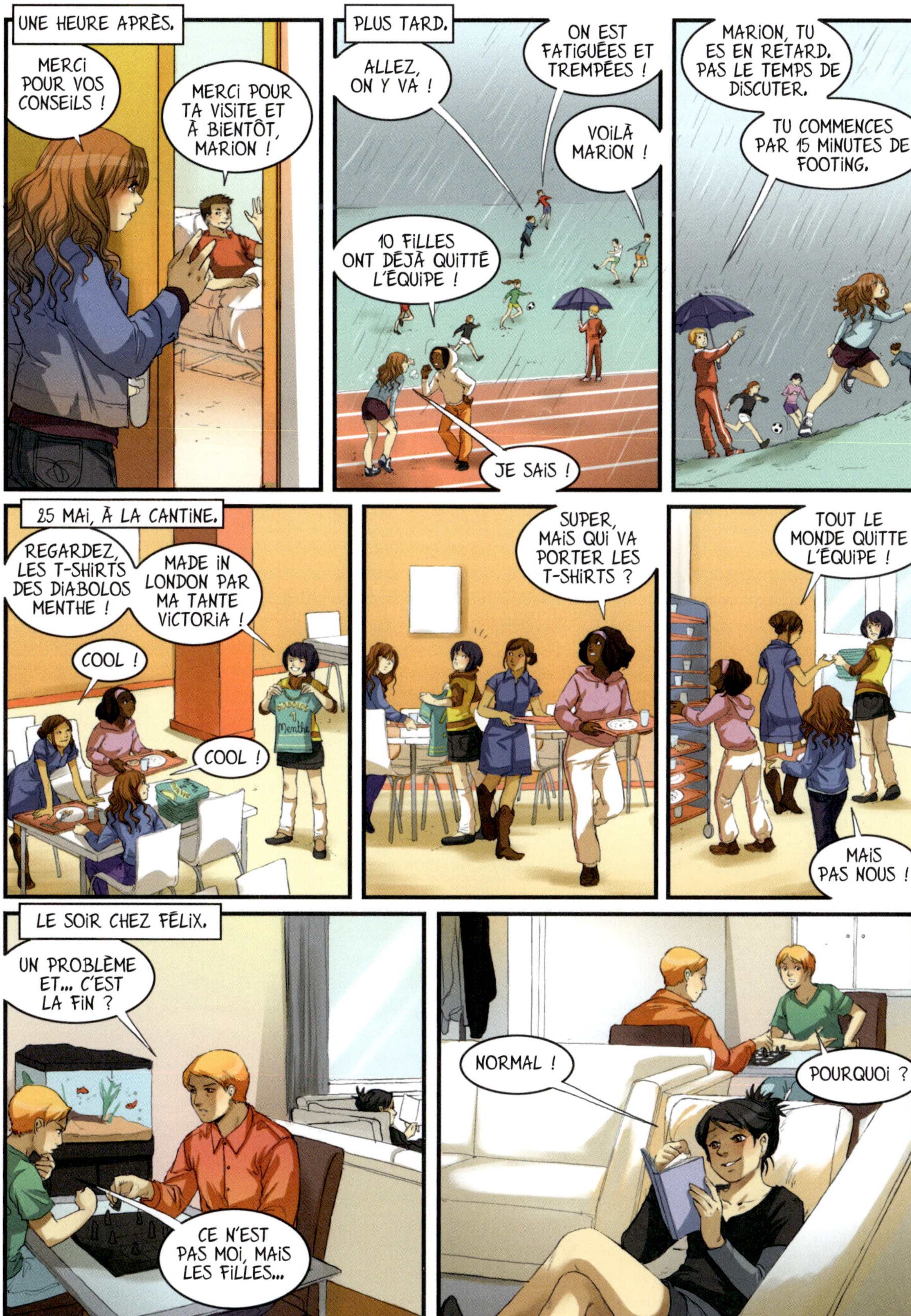
UNE HEURE APRÈS.
MERCI POUR VOS CONSEILS !
MERCI POUR TA VISITE ET À BIENTÔT, MARION !
PLUS TARD.
ALLEZ, ON Y VA !
ON EST FATIGUÉES ET TREMPÉES !
VOILÀ MARION !
10 FILLES ONT DÉJÀ QUITTÉ L'ÉQUIPE !
JE SAIS !
MARION, TU ES EN RETARD. PAS LE TEMPS DE DISCUTER.
TU COMMENCES PAR 15 MINUTES DE FOOTING.
25 MAI, À LA CANTINE.
REGARDEZ, LES T-SHIRTS DES DIABOLOS MENTHE !
MADE IN LONDON PAR MA TANTE VICTORIA !
COOL !
COOL !
SUPER, MAIS QUI VA PORTER LES T-SHIRTS ?
TOUT LE MONDE QUITTE L'ÉQUIPE !
MAIS PAS NOUS !
LE SOIR CHEZ FÉLIX.
UN PROBLÈME ET... C'EST LA FIN ?
CE N'EST PAS MOI, MAIS LES FILLES...
NORMAL !
POURQUOI ?

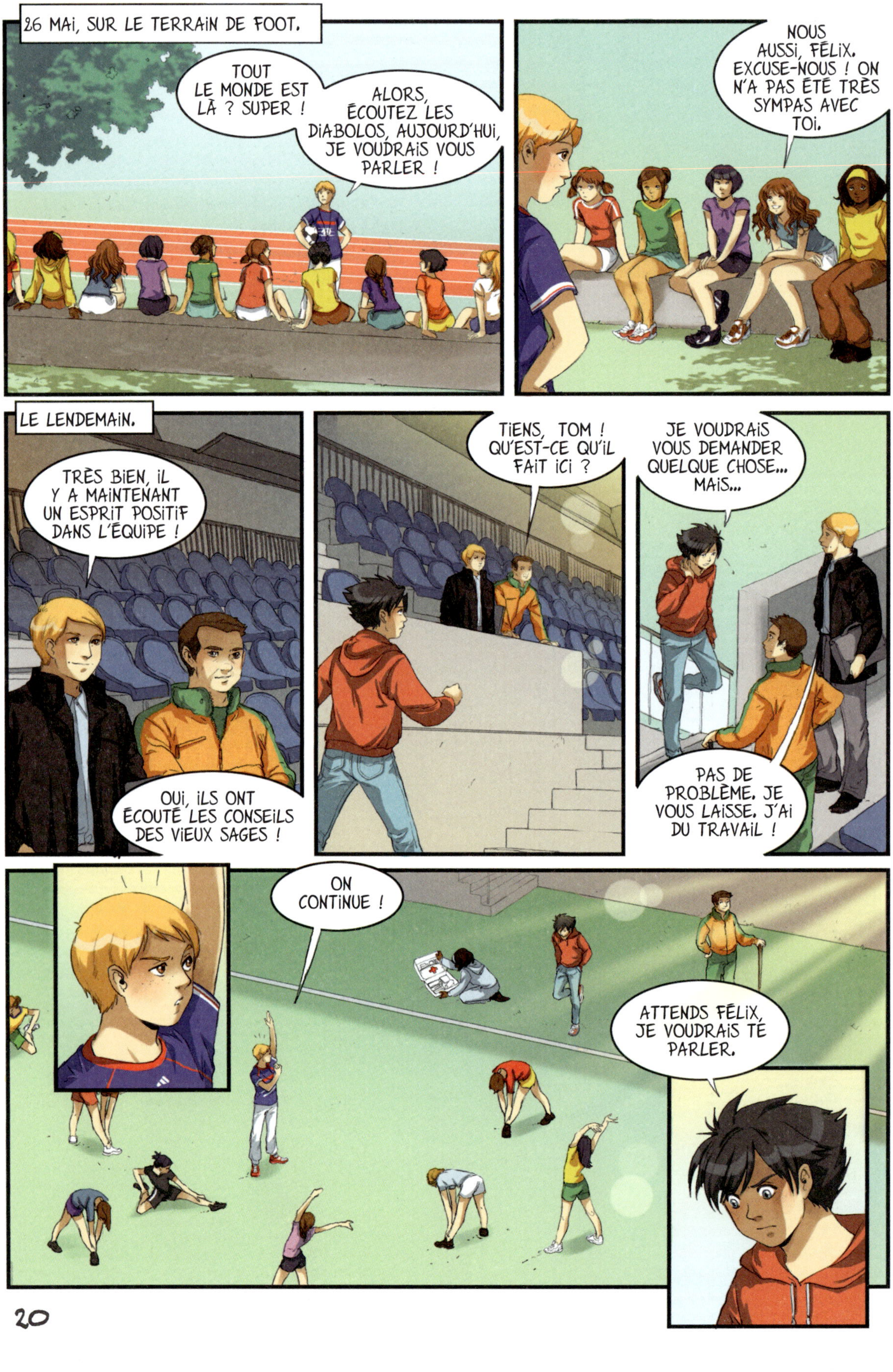
26 MAI, SUR LE TERRAIN DE FOOT.
TOUT LE MONDE EST LÀ ? SUPER !
ALORS, ÉCOUTEZ LES DIABOLOS, AUJOURD'HUI, JE VOUDRAIS VOUS PARLER !
NOUS AUSSI, FÉLIX. EXCUSE-NOUS ! ON N'A PAS ÉTÉ TRÈS SYMPAS AVEC TOI.
LE LENDEMAIN.
TRÈS BIEN, IL Y A MAINTENANT UN ESPRIT POSITIF DANS L'ÉQUIPE !
OUI, ILS ONT ÉCOUTÉ LES CONSEILS DES VIEUX SAGES !
TIENS, TOM ! QU'EST-CE QU'IL FAIT ICI ?
JE VOUDRAIS VOUS DEMANDER QUELQUE CHOSE... MAIS...
PAS DE PROBLÈME. JE VOUS LAISSE. J'AI DU TRAVAIL !
ON CONTINUE !
ATTENDS FÉLIX, JE VOUDRAIS TE PARLER.

D'ACCORD ! 5 MINUTES DE PAUSE, LES FILLES !
MERCI ! ALORS VOILÀ, J'AI COMMENCÉ LE YOGA IL Y A UN MOIS.
DEPUIS LE DIVORCE DE MES PARENTS, JE NE VAIS PAS TRÈS BIEN.
JE FAIS UN RÊVE OU QUOI ?
JE VOUDRAIS BIEN ÊTRE UN INSECTE OU UNE MOUCHE POUR ÉCOUTER TOM ET FÉLIX !
REGARDEZ, FATOU A SORTI SES ANTENNES.
QU'EST-CE QU'ILS RACONTENT ?
C'EST MON SECRET. TU IMAGINES LES COPAINS ? TOM FAIT DU YOGA !
OUI, JE SAIS.
SI LE YOGA C'EST BIEN POUR MOI, C'EST PEUT-ÊTRE UNE BONNE IDÉE POUR LES DIABOLOS MENTHE !
OUI, POURQUOI PAS ?
ET PUIS, EXCUSE-MOI POUR...

1er JUIN, 1er MATCH.
DIABOLOS - LE CLUB.
LES DIABOLOS GAGNENT LE MATCH 4 À 5.
SUPER ! MAIS IL RESTE ENCORE QUATRE MATCHS JUSQU'À LA FINALE !
AVEC SAMIA, C'EST POSSIBLE !
LE FOOT AVEC LES FILLES, C'EST SUPER ! IL Y A BEAUCOUP D'ACTIONS !
8 JUIN, 2e MATCH.
CANARIS 3 - DIABOLOS 4
ELLES MANGENT QUOI ?
RIEN DE SPÉCIAL. ELLES FONT COMME OBÉLIX ET ASTÉRIX, MAIS AVEC DES DIABOLOS MENTHE... MAGIQUES !
15 JUIN, 3e MATCH.
DIABOLOS 6 - RACINES 4
VIENS ICI, SI T'ES UNE FILLE !
C'EST QUOI TON PROBLÈME ? T'ES JALOUSE ?
COOL, LES DIABOLOS ! ON N'ÉCOUTE PAS LES PROVOCATIONS.
22 JUIN, 4e MATCH.
MOUSTIQUES 2 - DIABOLOS 3
TROIS BUTS POUR LES DIABOLOS !
J'AI FAIT ÇA, MOI ? C'EST PAS SAMIA ?
OUF ! ENFIN !
MAIS CE N'EST PAS VRAI ! C'EST DE LA TRICHE !
IL Y A HORS-JEU !
CES FILLES JOUENT AU FOOT DEPUIS DEUX MOIS ET GAGNENT TOUS LES MATCHS, C'EST PAS BIZARRE ?
TSLiiiiiiiiiiiiiiiiii !

29 JUIN, FINALE DE LA COUPE !
ON A UNE CHANCE SUR DEUX !
MAIS LES DIABOLOS SONT FANTASTIQUES !
VIVE LES DIABOLOS !
VIVE LES MALABARS !
LES MALABARS SONT TERRIBLES !
ET SAMIA EST... GÉNIALE !
UN BUT POUR LES MALABARS !
DIABOLOS MALABARS
MINCE !
UN, DEUX ET MAINTENANT TROIS BUTS !
CATASTROPHE !
ENCORE UNE BLESSÉE CHEZ LES DIABOLOS !
J'ARRIVE !
ÇA VA ALLER ?
ALLEZ, LES FILLES ! ON NE BAISSE PAS LES BRAS !
SAMIA NE PEUT PLUS JOUER !
CATASTROPHE !
LES MALABARS SONT TROP BONNES POUR NOUS !
UN PROBLÈME ET VOUS ARRÊTEZ, LES DIABOLOS ?

QU'EST-CE QU'ELLES FONT ?
DE LA MAGIE ?
MAIS NON, C'EST DU YOGA !
MAIS C'EST DE LA TRICHE !
PFFF, ON S'EN FICHE : ON VA GAGNER !
TRÈS BIEN, LES DIABOLOS ! VOUS AVEZ DÉJÀ PRESQUE GAGNÉ !
ENCORE UN BUT POUR LES DIABOLOS !
JE VEUX JOUER ET RENTRER SUR LE TERRAIN, S'IL TE PLAÎT, FÉLIX !
NON, IMPOSSIBLE. C'EST LA RÈGLE.
C'EST VRAI ?
BRAVO ! TOUT EST ENCORE POSSIBLE, MAINTENANT !
ALLEZ LES DIABOLOS
C'EST MAINTENANT OU JAMAIS !
C'EST MAINTENANT OU JAMAIS !
C'EST MAINTENANT OU JAMAIS !

LE BALLON VOLE...
... LOIN
... ET ARRIVE DANS LES CAGES !
BUTTTTTTTTTTTTTTTTTT !
ON EST CHAMPIONS ! ON EST CHAMPIONS !
VIVE LES DIABOLOS MENTHE
CHAMPIONNES, PLUTÔT !
ALLEZ LES DIABOLOS
HOURRA ! ÉGALITÉ !
TSLiiiiiiiiiiiiiiiiiii !
FANTASTIQUES DIABOLOS MENTHE ! MAIS NON, MONSIEUR L'ARBITRE N'EST PAS D'ACCORD !
NON, CE N'EST PAS VRAI !
C'EST DE LA TRICHE, IL N'Y A PAS HORS-JEU !
APRÈS LE MATCH, LES DIABOLOS TERMINENT 2e DE LA COMPÉTITION.
UN COUCOU À LA CAMÉRA ?
MERCI POUR VOTRE DIPLÔME DU FAIR-PLAY.
FÉLIX ! FÉLIX !
QU'EST-CE QU'IL FAIT ?
TROP TIMIDE !
L'ESPRIT DIABOLOS MENTHE, L'ESPRIT D'ÉQUIPE !
FANTASTIQUE ! POUR LES FILLES, HIP HIP HIP !
92:05
MALABARS
2
3
FAIR-PLAY
HOURRA !
ALLEZ ! TU VAS CHERCHER FÉLIX ?!
MOI ?

CHEZ LES DELANGE.
MAIS IL EST OÙ L'ARTICLE ?
REGARDE ! ICI.
QUOI ? AUSSI PETIT ? UN TIMBRE POSTE !
ET IL N'Y A PAS TA PHOTO, FÉLIX !
OUF !
UN VENDREDI SOIR, AU COLLÈGE.
M. LE PRINCIPAL, VOTRE COLLÈGE EST LE NUMÉRO 1 DES COLLÈGES TENDANCE.
EH, OUI ! ON FAIT UNE BELLE ÉQUIPE !
DIPLÔME
NUMÉRO 1 DES COLLÈGES TENDANCE
DIPLÔME du FAIR-PLAY
QUELLE EST VOTRE RECETTE ?
HUM ! HUM ! C'EST UN LONG TRAVAIL.
MONSIEUR CHARENTON... NOTRE PROF DE SPORT !
NOTRE COLLÈGE NUMÉRO 1 EN FAIR-PLAY
COLLÈGE TENDANCE NUMÉRO 1
WE ARE THE CHAMPIONS !
ON A GAGNÉ NOTRE PARI, LES FILLES ! HISTORIQUE !
MERCI QUI ? MERCI FÉLIX !
MAIS MAINTENANT, IL FAUT RESTER AU TOP !
MOUAIS ! MAIS COMMENT ?
BRAVO, JANE !

NOTRE COLLÈGE NUMÉRO 1 EN FAIR-PLAY
ÈGE TENDANCE NUMÉRO 1
VOUS DANSEZ, MONSIEUR LE PRINCIPAL ?
LE FOOT, C'EST BIEN POUR L'ESPRIT D'ÉQUIPE, MAIS LE CINÉMA AUSSI...
ON PEUT FAIRE UN FILM, MAINTENANT !
OUI, SUPER IDÉE, MAIS AVEC DES FILLES ET DES GARÇONS, ALORS !
REGARDEZ, IL Y A UN CONCOURS DE CINÉMA !
CONCOURS CINÉMA
DIS, FÉLIX... TOI, T'ES BON EN FRANÇAIS, T'AS PAS UNE IDÉE D'HISTOIRE ?!
BEN...
UNE HISTOIRE DE FOOT ET D'AMOUR, BIEN SÛR !

AVANT LA LECTURE

1 La couverture (*Umschlag*)
a) Décrivez le dessin.
b) Lisez le titre du livre.
c) Faites des hypothèses sur l'histoire.

2 Dans le livre
Regardez la page 1 du livre. Puis lisez le texte au dos du livre *(Rückentext)*.
Que savez-vous déjà sur l'histoire?

3 Un diabolo menthe, s'il vous plaît!
a) Quelle est la recette du diabolo menthe?

b) Cherchez d'autres boissons *(Getränke)* et notez vos réponses.

4 Un nom
Cherchez un nom pour votre club, votre équipe de sport ou votre groupe de rock.
Voici des exemples pour vous aider: *«les Diabolos menthe »*, *«Le club»*, *«les Malabars»*, *«les Moustiques»*, *«les Canaris»*, *«Racine»*

PENDANT LA LECTURE

1 Qui est qui?
a) Les personnages. Ecrivez le nom de chaque personnage sous les images.

b) Devinez: De qui est-ce qu'on parle?

1. Il/elle adore jouer au football, mais sur son ordinateur.	☐	6. Depuis le divorce de ses parents, il/elle n'est pas sympa avec sa mère.	☐
2. Félix est son frère.	☐	7. Il/elle n'est pas d'accord avec ses enfants: les filles ont une super idée!	☐
3. Il/elle a un plan pour les filles du collèges.	☐	8. Il/elle ne peut pas être le coach de l'équipe.	☐
4. Il/elle est un/une trop bon/bonne élève.	☐	9. Elle joue très bien au football.	☐
5. Il/elle est content/e: les filles du collège ont le diplôme du fair-play!	☐	10. Il/elle joue de la guitare.	☐

2. Quelle est l'idée de Marion ?

Cochez la bonne idée.

3 Vrai ou faux ?

	VRAI	FAUX	?
a) La mère de Marion rencontre M. Charenton au collège.			
b) Tom a trop de chance.			
c) Marion invite ses copines chez elle.			
d) Samia est le coach des petits footballeurs.			
e) C'est dommage pour Jane: elle n'est pas dans l'équipe!			
f) Ouf! M. Charenton est le coach!			
g) Les Moustiques ne sont pas contentes: les Diabolos jouent très bien au foot!			
h) Les Malabars gagnent la coupe.			
i) Les enfants ont écouté les conseils du prof de sport.			
j) Samia déteste Félix.			

4 Mettez les images dans l'ordre de l'histoire.

5. Choisissez la bonne solution.

a) Le père de Félix discute avec les profs parce que/qu' …
- ☐ son fils est nul en français.
- ☐ sa fille a mal au ventre.
- ☐ il y a une rencontre parents/profs.

b) Une soirée pyjama, c'est quand …
- ☐ on ne peut pas regarder la télé.
- ☐ on est fatigué.
- ☐ on invite ses copines la nuit.

c) «Kiffer le collège», c'est …
- ☐ adorer le collège.
- ☐ détester le collège.
- ☐ aller au collège.

d) Marion est contente quand elle lit le journal parce que/qu'…
- ☐ elle trouve un nom de coach pour son équipe.
- ☐ il y a sa photo.
- ☐ il y a une super interview du principal.

e) Félix est un coach idéal parce qu'il est …
- ☐ beau garçon.
- ☐ déjà coach.
- ☐ bon élève.

f) Une équipe gagne un diplôme du fair-play quand elle …
- ☐ n'a pas eu de but.
- ☐ a bien joué.
- ☐ a un bon esprit d'équipe.

6 Racontez l'histoire!

Voici des mots pour vous aider:

gâteau - réputation – d'accord – championnes - journal – bon – extraterrestre – réponse – histoire – envie – coupe – désolé – jouer – oui – plan – coach - professeur – équipe – réagit – diplôme - copain – succès – problèmes – raison

L'_______________ commence avec Félix. Son _______________ de sport raconte à son père : Félix est _______________ au collège mais il n'a pas de _______________. M. Delange parle avec son fils et demande: «Tu as des _______________ ?». _______________ du garçon: «Au collège, on n'aime pas ça, le _______________». Les élèves appellent Félix, «l' _______________». Surprise pour M. Delange: son fils ne _______________ pas. Mais un jour, Marion lit le _______________ et a une idée: «Le collège a mauvaise _______________ et je voudrais changer les choses». Ses copines sont d'accord avec elle parce qu'elle a un _______________ génial! Son plan, c'est faire une _______________ de foot de filles, demander à Félix d'être le _______________ de l'équipe et gagner la _______________ des collèges. D'abord Félix n'est pas _______________. Puis il dit «_______________!». Beaucoup de filles ont _______________ d'être dans l'équipe. Mais tout le monde ne peut pas _______________. Le coach ne prend pas Fatou, par exemple: «_______________!». S'entraîner avec Félix, ce n'est pas du _______________, mais il a _______________ ! Les filles travaillent beaucoup pour être des _______________ . À la fin, elles ne gagnent pas la coupe, mais elles ont le _______________ du fair-play.

APRÈS LA LECTURE

1. Imaginez. Vous êtes un personnage de l'histoire: une fille ou un garçon, un professeur, un enfant ou un des parents. Ecrivez un mail à vos amis ou à une personne de votre famille pour raconter l'histoire.
2. Faites la page d'accueil *(Homepage)* du site Internet du collège des «Diabolos menthe».
3. Racontez la suite *(Fortsetzung)* de l'histoire.

VOCABULAIRE

PAGE 3
avoir mal au ventre Bauchschmerzen haben
C'est du gâteau! Das ist das reinste Kinderspiel!
Silence! Ruhe!
depuis seit
un divorce eine Scheidung
affreux furchtbar

PAGE 5
Soirée pyjama Pyjamaparty
kiffer geil finden
important wichtig
la réputation der Ruf
changer verändern
la publicité die Werbung
Au lit! Ins Bett!

PAGE 6
un footballeur/une footballeuse Ein(e) Fußballspieler(in)
avoir du succès Erfolg haben
avoir de la chance Glück haben
un extraterrestre ein Außerirdischer

PAGE 8
T'inquiètes! Sei unbesorgt!
de près aus der Nähe
le fromage der Käse
le saucisson Salami

PAGE 9
une réponse eine Antwort
arrêter aufhören
sinon sonst
une équipe eine Mannschaft

PAGE 10
une coupe ein Pokal
compliqué(e) kompliziert
craquer weichwerden

PAGE 11
un hôpital ein Krankenhaus
un escalier eine Treppe
je ne peux pas ich kann nicht

PAGE 12
fou/folle verrückt
la vie das Leben
un faux espoir eine falsche Hoffnung [machen]
parier wetten
perdre verlieren

PAGE 13
un terrain ein Spielfeld

PAGE 14
une blessure eine Verletzung
là-bas dorthin
longtemps lange
rigoler lachen
un(e) remplaçant(e) ein(e) Ersatzspieler(in)

PAGE 15
Partez! Startet!
continuer weitermachen
la musculation das Muskeltraining

PAGE 16
un carton jaune eine gelbe Karte
s'entraîner trainieren

PAGE 17
les mecs Jungs
Tir! Schuss!
Arrêt! Anhalten!
être amoureux de verliebt sein
dur hart

PAGE 18
Mince! Verflixt!
tuer töten, *hier:* jdn. fertig machen
le carnet das Heft
une salle de permanence ein Aufenthaltsraum
le principal [de collège] der Schuldirektor
un centre de rééducation ein Rehabilitationszentrum

PAGE 19
un conseil ein Ratschlag
une visite ein Besuch
plus tard später
trempé(e) durchnässt

PAGE 20
un esprit positif positives Denken
des vieux sages alte Weisen
Attends! Warte mal!

PAGE 21
une mouche eine Fliege
sortir ses antennes seine Antennen ausfahren
un secret ein Geheimnis

PAGE 22
jusqu'à bis …
Rien de spécial. Nichts außergewöhnliches.
magique magisch
jaloux/jalouse eifersüchtig
C'est de la triche! Das ist geschummelt!
un hors-jeu das Abseits

PAGE 23
terrible furchterregend
un/une blessé(e) ein(e) Verletzte(r)
baisser les bras das Handtuch werfen

PAGE 24
On s'en fiche! Uns kann das egal sein!
presque fast
ne...jamais nie

PAGE 25
un but ein Tor
voler fliegen
une cage [de foot] ein Tor
égalité *hier:* Punktgleichheit
plutôt eher
l'arbitre ein(e) Schiedsrichter(in)
terminer beenden
une compétition ein Sportwettkampf
timide schüchtern

PAGE 26
un timbre poste eine Briefmarke
une tendance ein Trend
quel/quelle welche(r, s)
un pari eine Wette
le travail die Arbeit

PAGE 27
un concours ein Wettbewerb
l'amour die Liebe